Notre Père

Livre à Colorier pour Adultes

Les Mots Intemporels de Jésus Christ,

Apaisants et Simples à Colorier

Notre Père: Livre à Colorier pour Adultes

Les mots intemporels de Jésus Christ, apaisants et simples à colorier

Par Esther Pincini

Droits d'auteur et éditeur © Magdalene Press 2016

ISBN 978-1-77335-106-3

Magdalene Press, décembre 2016

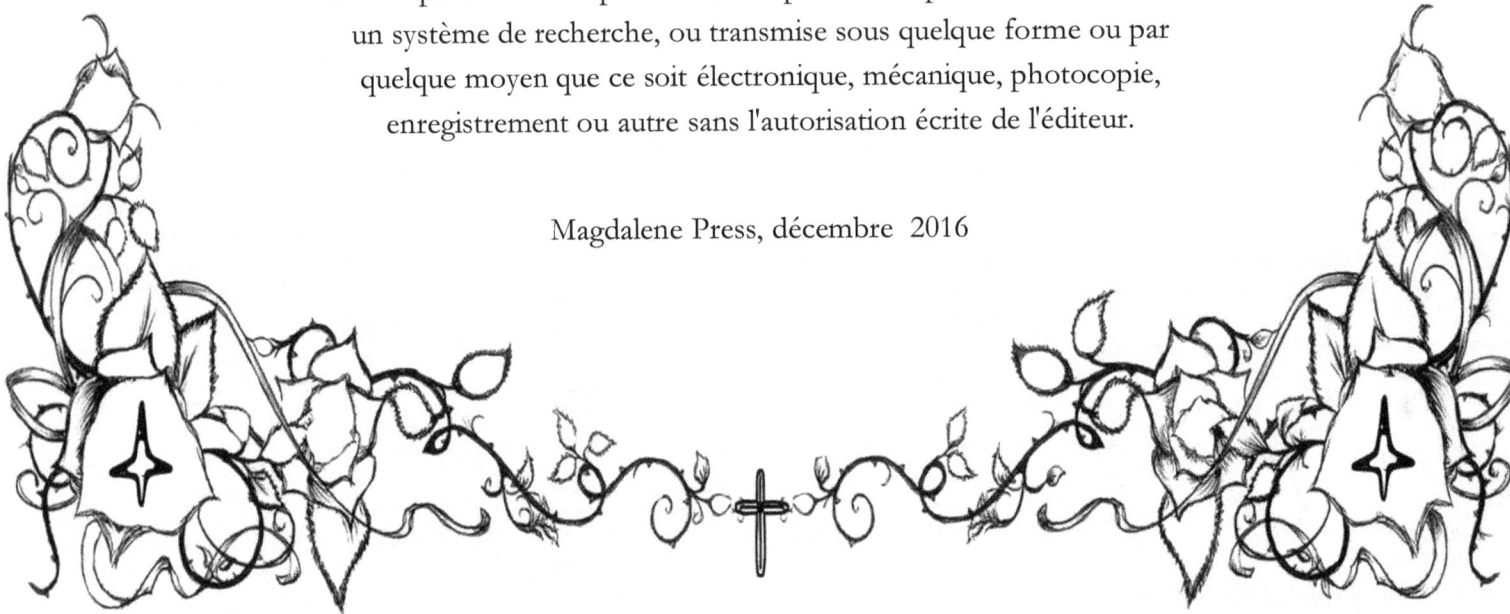

Notre

peRe

Cieux

TEN

SOIT

SANCTIFIC

TO⫙N

Regina

VIENNE

VOLONTÉ

SOIT

FAITH

SUR

TERRA

COMME

CIEL

DONNE

Nous

Aujourd'hui

NOTRE

PAIN

JOUR

PARDONNE-
NOUS

Nos

OFFENCES

COMMe

Nous

PARDONNONS

AUSSI

ceux

QUI

Nous

OFFENSES

Nous

SONNETS

IHS

TENTATION

IHIS

DELIVRE-

NOUS

BU

M H L

CHAR

C'EST

TOI

QU'APPAR-
TIENNENT

L

Regina

PUISSANCE

GLOIRE

Aux

SIÈCLES

SIECLES

AMEN